Learn Spanish For Kids with Magical Stories

26 Magical Stories To Get Your
Children Speaking Spanish
Effortlessly Implementing
Vocabulary, and Perfecting Your
Pronunciation | Age 7-10

Paul Nava

Legal & Disclaimer

The information contained in this book and its contents is not designed to replace or take the place of any form of medical or professional advice; and is not meant to replace the need for independent medical, financial, legal or other professional advice or services, as may be required. The content and information in this book has been provided for educational and entertainment purposes only.

The content and information contained in this book has been compiled from sources deemed reliable, and it is accurate to the best of the Author's knowledge, information and belief. However, the Author cannot guarantee its accuracy and validity and cannot be held liable for any errors and/or omissions. Further, changes are periodically made to this book as and when needed. Where appropriate and/or necessary, you must consult a professional (including but not limited to your doctor, attorney, financial advisor or such other professional advisor) before using any of the suggested remedies, techniques, or information in this book.

Upon using the contents and information contained in this book, you agree to hold harmless the Author from and against any damages, costs, and expenses, including any legal fees potentially resulting from the application of any of the information provided by this book. This disclaimer applies to any loss, damages or injury caused by the use and application, whether directly or indirectly, of any advice or information presented, whether for breach of contract, tort, negligence, personal injury, criminal intent, or under any other cause of action.

You agree to accept all risks of using the information presented inside this book.

You agree that by continuing to read this book, where appropriate and/or necessary, you shall consult a professional (including but not limited to your doctor, attorney, or financial advisor or such other advisor as needed) before using any of the suggested remedies, techniques, or information in this book.

Table of Contents

1- LA BRUJA PRISCILLA 1- THE WITCH PRISCILLA

En un espeso bosque al borde del campo, dentro de una pequeña cueva, vive la bruja Priscilla.

Hoy es su cumpleaños y ha invitado a magos y brujas a una gran fiesta. Prepara espaguetis con una salsa a base de ajo, lechuga, bellotas, champiñones, huevos de tortuga y tiernas telarañas. Para tostar, prepara un licor a base de agujas de pino.

Teje guirnaldas de lirios del valle y ciclamen para decorar su cueva.

Cuando todo está listo, llama a sus amigos. Forman un bonito círculo alrededor de una fogata y cantan toda la noche. A todos los amigos de Priscilla les encanta ir a sus fiestas.

In a thick wood on the edge of the countryside, inside a small cave, lives the witch Priscilla.

Today is her birthday and she has invited wizards and witches for a big party. Make spaghetti with a sauce made from garlic, lettuce, acorns, mushrooms, turtle eggs and tender cobwebs. To toast, prepare a liqueur made from pine needles.

Weave garlands of lilies of the valley and cyclamen to decorate her cave.

When everything is ready he calls her friends. They form a nice circle around a fire and sing all night long. All of Priscilla's friends love going to her parties.

Dentro de una pequeña cueva vive la bruja Priscilla.

Inside a small cave lives the witch Priscilla.

Hoy es su cumpleaños.

Today is her birthday.

Cuando todo está listo, llama a sus amigos.

When everything is ready he calls her friends.

Para tostar, prepara un licor a base de agujas de pino.

To toast, prepare a liqueur made from pine needles.

A todos los amigos de Priscilla les encanta ir a sus fiestas.

All of Priscilla's friends love going to her parties.

| Campo | Countryside |

Bruja	Witch
Magos	Wizards
Ajo	Garlic
Lechuga	Lettuce
Champiñones	Mushrooms
Licor	Liqueur
Guirnalda	Garland
Baile Redondo	Circle Around

2- PIRATA EN EL MAR 2- PIRATES AT SEA

La pirata Elsa mira al mar. Hay tanto por descubrir: peces voladores, delfines haciendo acrobacias e incluso una isla se puede vislumbrar a lo lejos. Elsa se

7

inclina hacia adelante con curiosidad, pero de repente una ola choca contra el barco y arroja al pirata al mar. - ¡Ayuda! - Elsa se aferra a una rama que flota en el agua. Los otros dos piratas no pueden escuchar las solicitudes de ayuda de Elsa y se van con el barco. Elsa está aterrorizada: algo le toca la pierna. ¿Será un tiburón?

Una tortuga flota a su lado.

-¡Saltar sobre! - le ofrece amablemente el animal - ¡Te llevaré a la isla!

El viaje a la isla pasa rápidamente: Elsa está encantada de ver a los peces de colores nadando en el agua cristalina.

- Me gustaría darte algo para darte las gracias - le dice Elsa a la tortuga tan pronto como llegan a la isla - lamentablemente, sin embargo, todas mis cosas están en el barco, que ya no está.

- ¡Date la vuelta un poco! - sugiere la tortuga, riendo entre dientes.

Elsa no puede creer lo que ve: ¡su barco está a solo unos pasos de distancia!

- ¡Hola Elsa! - gritan sus amigos piratas mientras van a su encuentro. Luego se abrazan felices.

Elsa corre a bordo del barco para recoger su sombrero más hermoso.

- ¡Gracias! - responde la tortuga, probándose inmediatamente el sombrero. Luego, todos juntos celebran el rescate de Elsa.

The piratess Elsa looks at the sea. There is so much to discover: flying fish, dolphins doing stunts and even an island can be glimpsed in the distance. Elsa leans forward with curiosity, but suddenly a wave crashes against the ship and knocks the pirate into the sea. - Help! - Elsa clings to a branch floating on the water. The other two pirates are unable to hear Elsa's requests for help and leave with the ship. Elsa is terrified: something is touching her leg. Will it be a shark? A turtle floats next to her.

-Jump on! - the animal offers her kindly, - I'll take you to the island!

The journey to the island passes quickly: Elsa is enchanted to watch the colorful fish swimming in the clear water.

- I'd like to give you something to thank you, - Elsa says to the turtle as soon as they reach the island.

- Unfortunately, however, all my things are on the ship, which is now gone.

- Turn around a bit! - suggests the turtle, laughing under his mustache.

Elsa can't believe her eyes: her ship is just a few steps away!

- Hi Elsa! - her pirate friends shout as they walk towards her. Then they hug happily.

Elsa runs aboard the ship to pick up her most beautiful hat.

- Thank you! - replies the turtle, immediately trying on the hat. Then all together celebrate Elsa's rescue.

La pirata Elsa mira al mar.

The piratess Elsa looks at the sea.

De repente, una ola choca contra el barco.

Suddenly a wave crashes against the ship.

Elsa se aferra a una rama que flota en el agua.

Elsa clings to a branch floating on the water.

El viaje a la isla pasa rápidamente.

The journey to the island passes quickly.

Me gustaría darte algo para darte las gracias.

I'd like to give you something to thank you.

¡Su barco está a solo unos pasos de distancia!

Her ship is just a few steps away!

Todos juntos celebran el rescate de Elsa.

All together celebrate Elsa's rescue.

Pirata	Pirate
Pez Volador	Flying Fish
Delfines	Dolphins
Asustado	Terrified
Tortuga	Turtle
Sombrero	Hat
Nave	Ship
Celebrar	Celebrate
Tiburón	Shark
Se Abrazan Felices	They Hug Happily

3- LA BÚSQUEDA DEL TESORO 3- THE TREASURE HUNT

Hoy es un día especial: el rey ha organizado una búsqueda del tesoro para divertir a todos los que trabajan para él. Todos los caballeros pueden participar en el juego y compartir el botín.

- ¡Yo seré quien encuentre el tesoro! - se dice Casimiro.

Pero se quedó dormido, ¡maldita sea!

Salta de la cama y golpea su casco.

- ¡Puaj! ¡Como de costumbre! - suspira, enojándose por la abolladura en el casco.

Ahora es tarde. Casimiro se apresura: tiene muchas ganas de ir en busca del tesoro y se viste rápido. Se puede escuchar a los caballos galopando desde el exterior. La búsqueda del tesoro ya ha comenzado y se ve obligado a saltarse el desayuno. Casimiro corre hacia el patio del castillo, pero no queda nadie. Luego corre al establo: pero los caballos ya no están allí. Solo queda un burro. ¡Qué desgracia!

Casimiro un poco resignado se sube al burro y se dirige al bosque, con el estómago retumbando de hambre. Oye gritos: son los otros caballeros los que están regresando.

- ¡El tesoro está perdido para siempre! - se quejan los caballeros. - ¡Un dragón lo robó!

A Casimiro le gustaría volver con los demás, ¡pero su burro continúa y va directo hacia el dragón! ¡Casimiro tiene miedo! El dragón guarda el cofre, pero en cuanto ve a Casimiro, se ríe.

- ¡Qué caballero más gracioso! - se ríe. -¡Con un casco abollado y montando un burro! ¡Muy divertido!

Casimiro también tiene que reír, mientras su barriga sigue gruñendo.

- ¡El ruido de tu estómago es más fuerte que mi rugido! - exclama el dragón.

- Pero no te preocupes, tengo algo para los dos. Mire en el cofre por un rato.

Casimiro está en la luna: ¡lleno de chocolates!

- ¡Gracias, querido dragón, estuvieron muy bien! - grita Casimiro.

El resto se lo lleva para dárselo a los demás caballeros. No puede esperar para compartir el tesoro con ellos.

- ¡Hasta pronto! - promete su nuevo amigo cuando se va.

Today is a special day: the king has organized a treasure hunt to amuse everyone who works for him. All knights can participate in the game and share the loot.

- I'll be the one to find the treasure! - Casimiro says to himself. But he overslept, damn it!

He jumps out of bed and hits his helmet.

- Ugh! As usual! - he sighs, getting angry at the dent on the helmet.

It is now late. Casimiro hurries: he absolutely wants to go in search of the treasure and gets dressed quickly. Horses can be heard galloping from outside. The treasure hunt has already begun and he is forced to skip breakfast. Casimiro rushes into the courtyard of the castle, but there is no one left. Then he runs into the stable: but the horses are no longer there. There is only one donkey left. What a misfortune!

Casimiro a little resigned gets on the donkey and heads into the woods, with his stomach rumbling with hunger. He hears screams: it is the other knights who are coming back.

- The treasure is lost forever! - the knights complain. - A dragon stole it!

Casimiro would like to go back with the others, but his donkey continues and goes straight to the dragon! Casimiro is afraid! The dragon guards the chest, but as soon as he sees Casimir, he starts laughing.

- What a funny knight! - he chuckles. - With a dented helmet and riding a donkey! So funny!

Casimiro also has to laugh, while his belly continues to grumble.

- The noise of your stomach is louder than my roar! - exclaims the dragon.

- But don't worry, I have something for both of us. Look in the chest for a while.

Casimiro is on cloud nine: he is full of chocolates!

- Thank you, dear dragon, they were very good! - shouts Casimiro.

The rest he takes away with him to give to the other knights. He can't wait to share the treasure with them.

- See you soon! - promises his new friend when he leaves.

El rey ha organizado una búsqueda del tesoro.
The king has organized a treasure hunt

Todos los caballeros pueden participar en el juego.

All knights can participate in the game

Salta de la cama y golpea en casco.

He jumps out of bed and hits his helmet.

Tiene muchas ganas de ir en busca del tesoro.

He absolutely wants to go in search of the treasure.

¡Solo queda un burro!

There is only one donkey left!

¡El ruido de tu estómago es más fuerte que mi rugido!

The noise of your stomach is louder than my roar!

Pero no te preocupes, tengo algo para los dos.

But don't worry, I have something for both of us.

Casimiro está en el séptimo cielo.

Casimiro is on cloud nine.

No puede esperar para compartir el tesoro con ellos.

He can't wait to share the treasure with them.

Rey	king
casco	helmet
Caballero	knight

tesoro	treasure
Desayuno	breakfast
asno	donkey
grito	screams
Chocolates	chocolates
dragon	dragon
robar	to steal

4- EL DRAGON ALADO 4- THE WINGED DRAGON

Un día en Peropoli se avistó un dragón alado sobrevolando la ciudad porque estaba perdido. Vuela aquí y vuela allá, ya había perdido la energía.

En un momento se vio obligado a llamar a la puerta de una casa porque tenía hambre y necesitaba comida: un niño abrió la puerta y, sorprendido y asustado, inmediatamente cerró la puerta y corrió a su habitación. El dragón, a su vez asombrado por la reacción del niño, volvió a llamar a la puerta pidiendo una explicación. El niño se animó y volvió a abrirlo. Esta vez encontró fuerzas para preguntarle qué quería y el dragón respondió: -¡Quiero algo de comida, porque he volado mucho tiempo y tengo hambre!

El niño más tranquilo fue a la cocina y regresó con una barra de pan que preparó para entregar al dragón, quien se la comió de un trago.

El dragón agradecido saludó al niño y voló de regreso a su casa.

One day a winged dragon was sighted flying over Peropoli because he was lost. Fly here and fly there, by now he had lost his energy.

At one point he was forced to ring the door of a house because he was hungry and needed food: a child opened the door and, taken by amazement and fright, closed the door immediately and ran to his room. The dragon, in turn astonished by the child's reaction, rang the door again for an explanation. The child took courage and opened it again. This time he found the strength to ask him what he wanted and the dragon replied: - I would like some food, because I have been flying for a long time and I am hungry!

The quieter child went into the kitchen and returned with a loaf of bread which he prepared to deliver to the dragon, who ate it in one gulp.

The grateful dragon greeted the child and flew back to his home.

Un dragón alado sobrevolando la ciudad porque estaba perdido.

A winged dragon was flying over the city because it was lost.

Tenía hambre y necesitaba comida.

He was hungry and needed food.

El dragón volvió a llamar a la puerta pidiendo una explicación.

The dragon rang the door again for an explanation.

El niño tomó coraje.

The child took courage.

Me gustaría algo de comer, ¡porque tengo hambre!

I would like some food, because I am hungry!

El dragón agradecido saludó al niño.

The grateful dragon greeted the child.

Hambriento	hungry
volar	to fly
toca la puerta	ring the door
comida	food
niño	child
explicación	explanation
cocina	kitchen
pan	loaf
pan	bread
agradecido	grateful

5- EL DESEO 5- THE DESIRE

Esta historia es la historia de una princesa un poco mimada que siempre espera lo imposible.

-¡No! - gritó la princesa Mira, -¡No me gustan las rayas, quiero una cebra a cuadros!

El novio, que conocía bien los caprichos de la princesa, suspiró: - ¡Alteza, las cebras a cuadros no existen!

La princesa, sin embargo, quiso saber: - ¡Tráeme una cebra a cuadros esta noche! De lo contrario, buscaré otro mozo de cuadra.

El novio pensó en ello toda la noche y no pudo evitar pintar unos cuadrados negros en un pony blanco. Por la noche, la princesa regresó a los establos y estaba encantada de encontrar una cebra a cuadros.

Pero, ¿qué se le ocurriría al día siguiente? Todos los días, la princesa Mira presentaba una solicitud diferente: una vez quería un pastel rosa y rojo. Otro día pidió peces de colores con aletas moradas.

Un buen día, sin embargo, a la princesa no se le ocurrió nada que pedir, ni siquiera un pequeño deseo. - Definitivamente debo encontrar algo que desear - dijo la princesa. Decidió dar un paseo en carruaje. En el camino conoció a una niña.

- Mi nombre es Sara- dijo- No encuentro a mi perro Tigger. ¿Lo has visto por casualidad?

- Lamentablemente no - respondió la princesa - pero al menos ahora sé cuál es mi deseo hoy: que puedas encontrar a tu perro.

Mira ordenó a todos los caballeros del reino que fueran en busca de Tigger. La princesa y Sara lo buscaron a pie. Mira entonces entendió lo que siempre le había faltado: un amigo.

Finalmente, un caballero logró encontrar al perro. Tigger se perdió en el bosque.

-Muchas gracias- dijo Sara quien no estaba en la piel de la felicidad.

- ¿Nos volveremos a ver pronto? - preguntó la princesa Mira.

- Por supuesto - gritó Sara - ¡si quieres mañana también!

La princesa Mira estaba feliz y por primera vez en su vida no tenía nada más que pedir.

This story is the story of a slightly spoiled princess who always expects the impossible.

-No! - Princess Mira cried, -I don't like stripes, I want a checkered zebra!

The groom, who knew the princess's wish well, sighed: - Your Highness, checkered zebras don't exist!

But the princess wanted to know: - Bring me a checked zebra by tonight! Otherwise I will look for another groom.

The groom thought about it all night and couldn't help but paint some black squares on a white pony. In the evening, the princess returned to the stables and was delighted to find a checkered zebra!

But what would she come up with the next day? Every day Princess Mira would come up with a different request: once she wanted a pink and red cake. Another day he asked for purple finned goldfish.

One fine day, however, the princess couldn't think of anything to ask, not even a small wish. - I absolutely must find something to wish for - said the princess. She decided to go for a carriage ride. On the way he met a little girl.

- My name is Sara - she said - I can't find my Tigger dog. Have you seen it by any chance?

- Unfortunately not - answered the princess - but at least now I know what my wish is today: that you can find your dog.

Mira ordered all the knights of the kingdom to go in search of Tigger. The princess and Sara searched for him on foot. Mira then understood what she had always lacked: a friend.

Finally a knight managed to find the dog. Tigger was lost in the woods.

-Thank you very much- said Sara who was really really happy.

- Will we meet again soon? - asked Princess Mira.

- Of course - cried Sara - if you want tomorrow too!

Princess Mira was happy and for the first time in her life she had nothing more to ask for.

Una princesa un poco mimada.

A slightly spoiled princess.

¡Quiero una cebra a cuadros!

I want a checkered zebra!

¡Las cebras a cuadros no existen!

Checkered zebras don't exist!

Absolutamente tengo que encontrar algo que desear.

I absolutely must find something to wish for.

No encuentro a mi perro Tigger.

I can't find my Tigger dog.

Sé cuál es mi deseo hoy.

I know what my wish is today.

Un caballero logró encontrar al perro.

A knight managed to find the dog.

Por primera vez en su vida, no tenía nada más que pedir.

For the first time in her life she had nothing more to ask for.

princesa	princess
zebra	zebra
novio	groom
deseo	wish
petición	request
carro	carriage
encontrar	find
Hoy	today

amigo	friend
preguntar	ask

6- CÓMO NACIÓ LA ESTRELLA DE MAR 6-
HOW THE STARFISH WAS BORN

Hace muchos años, no lejos del mar, vivían algunos elefantes: un elefante era un gigante, un elefante era grande, un elefante era mediano, un elefante era pequeño y un elefante era pequeño. Los elefantes miraban las estrellas todas las noches y soñaban con jugar con ellas. Una noche el elefante gigante propuso llevarse uno y, dicho y hecho, tomó al gran elefante por la trompa y lo cargó sobre su lomo. El elefante grande atrapó al elefante del medio y también lo hicieron el pequeño elefante y el pequeño elefante.

El pequeño elefante conteniendo la respiración, estiró su trompa y logró atrapar una estrella. De la emoción al elefantito, le llegó un cosquilleo en la nariz, estornudó y la estrella se le escapó cayendo al fondo del mar. A la mañana siguiente, caminando lentamente, los elefantes

notaron la estrella flotando en el agua y les dijeron: -
¡Hola, me he convertido en una estrella de mar!

Y todos los elefantes le dijeron al elefantito: - ¡Gracias!

Many years ago, not far from the sea, some elephants
lived: an elephant was giant, an elephant was large, an
elephant was medium, an elephant was small, and an
elephant was small. Elephants looked at the stars every
night and dreamed of playing with them. One night the
giant elephant proposed to catch one and, said and
done, took the big elephant by the trunk and loaded it
on its back. The big elephant caught the medium
elephant in the air and so did the small elephant and the
little elephant.

The little elephant holding its breath, stretched out its
trunk and managed to catch a little star. From the
emotion of the little elephant, a tingle in the nose came,
he sneezed and the star escaped him falling into the sea.
The next morning, walking slowly, the elephants noticed
the star floating on the water and told them: - Hello, I've
become a starfish!

And all the elephants said to the little elephant: - Thank you!

El elefante era gigante.

An elephant was giant.

Los elefantes miraban las estrellas todas las noches.

Elephants looked at the stars every night.

El elefante gigante propuso llevarse uno.

The giant elephant proposed to catch one.

La estrella se le escapó cayendo al mar.

The star escaped him falling into the sea.

A la mañana siguiente los elefantes vieron la estrella que flotaba en el agua.

The next morning the elephants noticed the star floating on the water.

El pequeño elefante logró atrapar una estrella.

The little elephant managed to catch a little star.

Elefante	elephants
estrellas	stars
noche	night
maletero	trunk

respiro	breath
tomar	catch
estrella de mar	starfish

7- EL EXAMEN MÁGICO 7- THE MAGIC EXAMINATION

Zimbalo, aprendiz de mago, está muy agitado. Mañana tiene que hacer el examen de magia. Si logra superarlo, podrá lanzar hechizos incluso fuera de la academia: lleva mucho tiempo esperando este momento. El problema es que todavía no es muy bueno con la magia. Siempre hay algo que sale mal.

-Ahora me tengo que ir - dice su maestro Zambo - ¡practica bien para mañana! ¡Confía en tus habilidades!

Y agitando su varita mágica desaparece en un instante.

Zimbalo repasa las fórmulas mágicas. De repente, ve una araña en su libro. ¿Y si intenta transformarlo? Lanzar un hechizo sobre un animal es muy difícil.

El aspirante a mago duda por un momento. Está solo en el castillo: si algo sale mal, nadie podrá ayudarlo. Pero al final Zimbalo se anima y dice:

- ¡Patas de araña y alas mágicas, dulce animalito, vuela lejos!

Aparecen estrellas doradas y en lugar de la araña ahora hay un pájaro. Zimbalo está muy orgulloso: es la primera vez que logra lanzar un hechizo sobre un animal. Pero ahora quiere hacer reaparecer la araña.

- ¿Cómo es la fórmula inversa? Ah sí: Plumas y magia, ¡ahora pájaro tienes que irte!

¿Lo que está sucediendo? De repente, hay una bandada de pájaros en la habitación.

¡Zimbalo debe haber pronunciado el hechizo mágico equivocado! Afortunadamente, inmediatamente me viene a la mente el correcto:

- ¡Los pájaros y las estrellas vienen aquí y todo volverá como antes!

Aparece un destello y en un instante todos los pájaros desaparecen. Aquí está la araña caminando felizmente sobre el libro de hechizos de nuevo. ¡Afortunadamente, lo logró!

De repente, Zimbalo escucha la voz de su maestro detrás de él:

-¡Bien hecho! ¡Aprobaste el examen!

Zimbalo se vuelve asombrado.

- ¡Pero el examen es mañana! - exclama, - ¿Y de dónde vienes, tan de repente?

- Nunca me fui - dice Zambo - Me volví invisible para poder examinarte sin que me vieran.

- Sin embargo, esta vez también hice algo mal - admite Zimbalo.

- Es cierto - dice Zambo - pero no está tan mal, porque confiaste en ti mismo y lograste hacer que la araña reapareciera por ti mismo. ¡Eso es lo que importa! Te doy tu primera varita mágica de mago.

- ¿Funciona también fuera de los muros del castillo?

- ¡Seguro Zimbalo!

El niño está feliz, finalmente ahora es un verdadero mago.

Zimbalo, a wizard apprentice, is very agitated. Tomorrow he must take the magic exam. If he manages to overcome it, he can cast spells even outside the academy: he has been waiting for this moment for a long time. The problem is, he's still not very good at magic. There is always something that goes wrong.

-Now I have to go, - says his teacher Zambo, - practice well for tomorrow! Trust your abilities!

And waving his magic wand disappears in a moment.

Zimbalo reviews the magic formulas. Suddenly he sees a spider on his book. What if he tries to transform it? Casting a spell on an animal is very difficult.

The aspiring magician hesitates for a moment. He is alone in the castle: if something goes wrong, no one will be able to help him. But in the end Zimbalo takes courage and says:

- Spider legs and wings of magic, sweet little animal, fly away!

Golden stars appear and instead of the spider there is now a bird. Zimbalo is very proud: it is the first time he has managed to cast a spell on an animal. But now he wants to make the spider reappear.

- What is the inverse formula like? Ah yes: Feathers and magic, now bird you have to go!

What is happening? Suddenly, there is a whole flock of birds in the room.

Zimbalo must have pronounced the magic formula wrong! Fortunately, the right one immediately comes to mind:

- Birds and stars come here and everything will return as before!

A flash appears and in an instant all the birds disappear. Here is the spider walking blissfully on the spellbook again. Luckily, he did it!

Suddenly Zimbalo hears the voice of his teacher behind him:

-Well done! You passed the exam!

Zimbalo turns around in amazement.

- But the exam is tomorrow! - he exclaims, - And where do you come from, so suddenly?

- I never went away, - Zambo says, - I just became invisible so I could examine you without being seen.

- This time too, however, I did something wrong, - admits Zimbalo.

- It's true, - says Zambo, - but it's not that bad, because you trusted yourself and managed to make the spider reappear by yourself. This is what matters! I give you your first wizard's magic wand.

- Does it also work outside the castle walls?

- Sure Zimbalo!

The boy is happy, finally now he is a true magician.

En un momento todos los pájaros desaparecen.

In an instant all the birds disappear.

Mañana tiene que hacer el examen de magia.

Tomorrow he must take the magic exam.

Todavía no es muy bueno con la magia.

He's still not very good at magic.

Zimbalo repasa las fórmulas mágicas.

Zimbalo reviews the magic formulas.

Está solo en el castillo.

He is alone in the castle.

Lanzar un hechizo sobre un animal es muy difícil.

Casting a spell on an animal is very difficult.

Podría haberte examinado sin que me vieran.

 I could examine you without being seen.

Entrego tu primera varita de mago.

I give you your first wizard's magic wand.

El niño está feliz, finalmente ahora es un verdadero mago.

The boy is happy, finally now he is a true magician.

Mago	wizard
hechizo mágico	magic spell
varita mágica	magic wand
formula magica	magic formulas
castillo	castle
transformarse	to transform
invisible	invisible
examen	exam
a aparecer	to appear
desaparecer	to disappear

8- ANDREA Y EL OSO 8- ANDREA AND THE BEAR

Érase una vez un niño curioso y valiente llamado Andrea que amaba la naturaleza.

Un día decidió escalar una montaña alta muy empinada y boscosa, para poder observar la vista desde arriba. Después de una larga pelea, se enfrentó a un gran oso, cubierto de piel marrón, con dos ojos enojados. El niño ya no sabía qué hacer, se refugió silenciosamente en una cueva y permaneció allí hasta la mañana.

Nada más salir el sol vio un águila joven que inmediatamente se le acercó para ayudarlo. El águila lo hizo subirse a su espalda, despegó y trajo a Andrea al suelo. El niño estaba encantado y le agradeció.

Once upon a time there was a curious and brave boy, named Andrea, who loved nature.

One day he decided to climb a very steep and wooded high mountain, to be able to observe the view from above. After a long climb he found a big bear, covered in brown fur, with two angry eyes. The child no longer knew what to do, silently he took refuge in a cave and remained there until morning.

As soon as the sun rose he saw a young eagle that immediately approached him to help him. The eagle made him get on his back, took off and brought Andrea back to the ground. The boy was happy and thanked her.

Había un niño curioso y valiente.

There was a curious and brave boy.

Un día decidió escalar una montaña alta.

One day he decided to climb a high mountain.

Encontró un gran oso.

He found a big bear.

Silenciosamente se refugió en una cueva.

Silently he took refuge in a cave.

Vio un águila joven.

He saw a young eagle.

El águila le hizo subirse a la espalda.

The eagle made him get on his back.

El chico estaba feliz.

The boy was happy.

Oso	bear
curioso	curious
naturaleza	nature
escalar	to climb
vista	view
enojado	angry
refugio	refuge
tierra	ground

9- UN AMIGO PARA LUCY 9- A FRIEND FOR LUCY

- Hola, ¿cómo estás? - pregunta la pequeña dragona Lucy.

El pony se acerca y lo olfatea con curiosidad. Lucy también olfatea al animal, pero de la emoción salen bocanadas de humo de su nariz. El pony se asusta y sale corriendo al galope. ¡Qué pena! Lucy lo ve huir con tristeza, a Lucy le encantaría tener un amigo. No puede entender por qué la mayoría de los animales le tienen miedo: es el dragón más amable y lindo del mundo.

Mientras está absorta en estos pensamientos, Lucy suspira, provocando que un destello de fuego salga de su nariz.

"¡Clack, clack, clack!", Responde una cigüeña enojada con su pico y vuela rápidamente. ¡El destello de fuego estaba a punto de golpearla y quemarle las plumas!

- ¡Maldita sea! ¡Realmente no te vi! - Lucy se disculpa. Pero la cigüeña ya se ha ido. Tristemente, Lucy se sienta en una roca calentada por el sol.

-¿Hermoso, no? - le pregunta una voz de repente. Lucy abre los ojos de par en par con asombro. Junto a ella hay una criatura que nunca había visto. Casi parece un ...

- ¿Tú también eres por casualidad un dragón ?, pregunta Lucy.

-En realidad no, responde la criatura -Soy una iguana y me llamo Luis.

Luis no se asusta cuando Lucy lanza fuego de alegría. De hecho, le encanta el calor, ¡como al dragón!

Lucy y Luis pasan el resto del día juntos en la roca. ¡Tienen tantas cosas que contarse! Esa misma noche, Lucy se duerme feliz: finalmente con Luis, ha encontrado un amigo.

- Hello, how are you? - asks the little dredge Lucy.

The pony approaches and sniffs it with curiosity. Lucy also sniffs the animal, but clouds of smoke come out of the emotion from her nose. The pony gets scared and runs away galloping. What a pity! Lucy watches him run away with sadness, Lucy would love to have a friend. She cannot understand why most animals are afraid of her: she is the kindest and cutest dragon in the world.

While she was absorbed in these thoughts, Lucy sighs, causing a flash of fire to come out of her nose.

-Clack, clack, clack!- replies an angry stork with its beak and flies away quickly. The flash of fire was about to hit her and burn her feathers!

- Damn! I didn't really see you! - Lucy apologizes. But the stork has already gone away. Sadly, Lucy sits down on a sun-warmed rock.

-Beautiful, is not it? - a voice suddenly asks her. Lucy opens her eyes wide in amazement. Next to her there is a creature she had never seen. It almost seems like a ...

- Are you by any chance a dragon too ? - asks Lucy.

-Not really, the creature replies - I am an iguana and my name is Luis.

Luis doesn't get scared when Lucy spits fire with joy. In fact, she loves the heat, just like the dragon!

Lucy and Luis spend the rest of the day together on the rock. They have so many things to tell each other! That same evening, Lucy falls asleep happy: finally with Luis, she has found a friend.

El pony se acercó y la olió con curiosidad.

The pony approaches and sniffs it with curiosity.

A Lucy le encantaría tener un amigo.

Lucy would love to have a friend.

El pony estaba asustado.

The pony gets scared.

Porque muchos animales le tienen miedo.

Why most animals are afraid of her.

Lucy se disculpó.

Lucy apologizes.

Yo soy una iguana.

I am an iguana.

¡Tenían tantas cosas que contarse!

They have so many things to tell each other!

Había encontrado un amigo.

She has found a friend.

Pato	Dredge
triste	sadness
fuego	fire
pensamientos	thoughts
disculparse	apologize
iguana	iguana

calor	heat
Noche	evening
Juntos	together

10- NICOLINA, LA MINI CHICA 10- NICOLINA, THE MINI GIRL

Nicolina fue un poquito especial, ahora te cuento por qué.

Era una niña pequeña, pero muy, muy pequeña y a menudo pasaba que la perdían. Vivía con sus abuelos en una pequeña casa al borde del bosque. Nicolina se había quedado pequeña porque un hada la había hechizado cuando nació y no había crecido desde entonces. A los abuelos les encantó mucho, pero les aterrorizaba perderlo, aplastarlo accidentalmente, dejarlo caer, era tan pequeño. Entonces la abuela pensó en ponerle una cadena al cuello con una campana dorada, para que pudieran escucharla dondequiera que fuera.

Con el tiempo, sin embargo, Nicolina se puso cada vez más triste, porque no podía ir a la escuela como las demás: le tomaba casi toda la mañana ir a la escuela y cuando estaba allí, ¿cómo escribía en esos cuadernos gigantes? Entonces la abuela le enseñó cómo podía, todo lo que sabía. Su abuelo había hecho arreglos para hacerle un dormitorio de madera a medida, para que la niña pudiera tener una cama de su tamaño, una mesa pequeña, un armario perfecto para su ropa. A pesar de los esfuerzos de sus abuelos, Nicolina seguía triste. Quería ser libre para hacer lo que hicieran otros niños, quería poder jugar con otros, quería ser libre para moverse por la casa sin miedo a ser aplastada por alguien.

Un día, mientras la pequeña estaba perdida en sus pensamientos, una paloma se le acercó y le preguntó si quería dar un paseo con él: Nicolina no parecía poder ver el mundo desde arriba, así que aceptó. ¡Fue un vuelo sensacional, lleno de adrenalina!

Cuando la paloma la trajo a casa, dijo: - ¡Nunca, nunca podría haberle pedido a un niño que se me subiera a dar un paseo! ¡Eres un niño afortunado, porque gracias a tu altura tienes la posibilidad de volar conmigo! Si quieres, volveré a verte pronto para otra ronda.

Nicolina nunca había pensado en la suerte que tenía, al contrario, solo se había concentrado en las desventajas de ser pequeña. Entonces, a partir de ese día entendió que lo importante es apreciar lo que tiene y aprovecharlo al máximo.

Nicolina was a little bit special, now I'll tell you why.
She was a small child, but very, very small and it often happened that they lost her. She lived with his grandparents in a small house on the edge of the woods. Nicolina had remained small because a fairy had cast a spell on her when she was born and she hadn't grown up since. The grandparents loved her very much, but they were terrified of losing her, of accidentally crushing her, of dropping her, she was so small. So the grandmother thought of attaching a chain to her neck with a golden bell, so they could hear it wherever she went.
Over time, however, Nicolina became more and more sad, because she could not go to school like the others: it took her almost all morning to go to school and when she was there, how did she write in those giant

notebooks? So her grandmother taught her how she could, everything she knew. Her grandfather had arranged to make her a bespoke wooden bedroom, so that the child could have a bed of her size, a small table, a wardrobe just right for her clothes. Despite the efforts of her grandparents, Nicolina was still sad. She wanted to be free to do everything other children did, she wanted to be able to play with others, she wanted to be free to move around the house without the fear of being crushed by someone.

One day, while the little girl was lost in her thoughts, a pigeon approached her and asked her if she wanted to take a ride with him: to Nicolina it didn't seem real to be able to see the world from above, so she accepted. It was a sensational flight, full of adrenaline!

When the pigeon brought her home she said: - Never, never could I have asked a child to get on top of me for a ride! You are a lucky girl, because thanks to your height you have the possibility to fly with me! If you want, I'll be back to see you soon for another round.

Nicolina had never thought about the luck she had, on the contrary, she had only focused on the disadvantages of being small. So, from that day, she understood that the important thing is to appreciate what you have and take advantage of it, as much as possible.

Era una niñita.

She was a small child.

Un hada la había hechizado.

A fairy had cast a spell on her.

Estaban aterrorizados de perderla.

They were terrified of losing her.

Nicolina se entristeció cada vez más.

Nicolina became more and more sad.

Le tomó la mayor parte de la mañana ir a la escuela.

It took her almost all morning to go to school.

Quería ser libre de hacer cualquier cosa que hicieran otros niños.

She wanted to be free to do everything other children did.

Una paloma se le acercó.

A pigeon approached her.

¡Fue un vuelo sensacional, lleno de adrenalina!

It was a sensational flight, full of adrenaline!

Usted es una chica con suerte.

You are a lucky girl.

Volveré a verte pronto para otra ronda.

I'll be back to see you soon for another round.

Ella acababa de concentrarse en las desventajas de ser pequeña.

She had only focused on the disadvantages of being small.

Lo importante es apreciar lo que tienes.

The important thing is to appreciate what you have.

Suerte	lucky
aplastado	crushed
abuelitos	grandparents
campana	bell
armario	wardrobe
Ropa	clothes
Tamaño	size
libre	free

11- BIRBINA LA ESTRELLA DE MAR 11- BIRBINA THE STARFISH

Un día Birbina, la estrella de mar que vivía en el fondo del océano, salió a caminar en busca de conchas. En un momento, un buzo pasó junto a ella.

- ¿Quién eres? - le preguntó Birbina.

El buceador respondió: - Soy un pescador submarino y estoy buscando un pescado especial para vender y ganar algo de dinero. ¿Quién eres tú?

- Soy Birbina. No quieres llevarme a mí también, ¿verdad? -añadió la estrella de mar.

- En realidad me gustaría llevarte con mi pequeña niña que tanto quiere una estrella de mar - dijo el buceador.

- Por favor, no me dejes morir. Ponme en un poco de agua entonces, cuando tu pequeña me haya visto, tráeme aquí a mi mar azul- le suplicó Birbina.

El buceador le prometió a Birbina que la llevaría de regreso al mar. Así que puso la estrella de mar en un balde lleno de agua y se dirigió a casa. Cuando su hija vio a su papá regresar con un balde en la mano, corrió a su encuentro: ¡qué sorpresa tuvo al ver lo que había adentro! ¡Nunca había visto una estrella de mar en su vida! ¡Fue maravilloso!

Su padre le explicó que se llamaba Birbina y que al día siguiente tendría que llevarla de regreso al mar, como le había prometido a la estrella de mar.

Al día siguiente del amanecer, la niña y el pescador llevaron a Birbina al mar y le agradecieron que la admiraran. Birbina se despidió y partió suavemente arrastrada por las olas del mar.

One day Birbina, the starfish who lived in the ocean floor, went for a walk in search of shells. At one point a diver passed by her.

- Who are you? - Birbina asked him.

The diver replied: - I'm a spearfisher and I'm looking for some special fish to sell them and earn some money. Who are you?

- I'm Birbina. You don't want to take me too, do you? - added the starfish.

- Actually I would like to take you to my little girl who wants a starfish so much - said the diver.

- Please don't let me die. Put me in a little water then, when your little girl sees me bring me back here to my blue sea- Birbina begged.

The diver promised Birbina that he would take her back to sea. So he put the starfish in a bucket full of water and went home. When the daughter saw her dad come back with a bucket in hand, she ran to meet him: how great was her surprise in seeing what was there inside of! She had never seen a starfish in her life! It was wonderful!

Her father explained that her name was Birbina and the next day he would have to take her back to the sea, as he had promised the starfish.

The day after at dawn, the little girl and the fisherman brought Birbina back to sea and thanked her for being admired. Birbina said goodbye and set off gently carried away by the waves of the sea.

Un día Birbina salió a caminar en busca de conchas.

One day Birbina went for a walk in search of shells.

¿Quién eres tú?

Who are you?

Por favor, no me dejes morir.

Please don't let me die.

¡Cuán grande fue su sorpresa!

How great was her surprise.

Nunca había visto una estrella de mar en su vida.

She had never seen a starfish in her life.

Birbina saludó.

Birbina said goodbye.

Caminar	walk
conchas	shells
vender	sell
ganar	earn
agua	water

Buceador	diver
Cubeta	bucket
olas	waves

12- PANDOLFINA Y LAS OLAS DEL MAR 12- PANDOLFINA AND THE WAVES OF THE SEA

Pandolfina era una niña muy linda: tenía un rostro ovalado animado por dos ojos azules, grandes y brillantes como las estrellas. Su cuerpo era delgado pero lleno de energía. Pandolfina estaba alegre como un pájaro durante el verano: corría por los prados, era cariñosa con sus compañeros, generosa con todos, dispuesta a compartir sus cosas con los demás.

Amaba la naturaleza y a veces pasaba horas contemplando las nubes que se movían en el cielo o la hierba del prado movida por el viento, o las olas del mar rompiendo en la orilla.

Un día fue al muelle y vio cómo las olas creaban crestas blancas de espuma. En cierto momento una ola más grande que las otras levantó una espuma tan blanca y

ligera que Pandolfina se sintió atraída por ella; saltó y ...
"ay" dirás "ahogado".

Pero no, Pandolfina caminó sobre la cresta y desde entonces ha seguido dando vueltas de una ola a otra, saludando a quienes la miran.

Pero a ti, no te gusta, porque Pandolfina no era una niña como las demás sino un hada, una buena hada del mar.

Pandolfina was a very pretty little girl: she had an oval face enlivened by two blue eyes, big and shining like the stars. His body was thin but full of energy. Pandolfina was as cheerful as a bird during the summer: she ran in the meadows, she was affectionate with her companions, generous with everyone, ready to share her things with others.

She loved nature and sometimes she spent hours contemplating the clouds moving in the sky or the grass in the meadow moved by the wind, or the waves of the sea breaking on the shore.

One day she went to the dock and watched the waves make white crests of foam. At a certain moment, a wave larger than the others raised a foam so white and light that Pandolfina was attracted to it; she jumped and ... "Oh" you will say " she drowned".

But no, Pandolfina walked on the crest and since then continues to circle from one wave to another, greeting those who look her.

But you, don't do like her, because Pandolfina was not a child like the others but a fairy, a good fairy of the sea.

Pandolfina was a very pretty girl. Pandolfina era una niña muy bonita.

His body was thin but full of energy. Su cuerpo era delgado pero lleno de energía.

Pandolfina was as cheerful as a bird. Pandolfina estaba alegre como un pájaro.

She ran in the meadows. Corrió por los prados.

She loved nature. Amaba la naturaleza.

One day she went to the dock. Un día fue al muelle.

Pandolfina walked on the crest. Pandolfina caminó por la cresta.

You don't do like her. Pero ella no te gusta.

Delgado	Thin

Alegre	Cheerful
Prados	Meadow
orilla	Shore
Muelle	Dock
Espuma	Foam
El se ahogó	Drowned
Saludando	Greeting
Hada	Fairy

13- LA SEMILLA AZUL 13- THE BLUE SEED

Un día, Curious Gnome encontró una semilla nunca antes vista en un rincón del jardín. Era tan grande como una avellana, azul y desconocido. Curioso, fue a mirar sus libros de jardinería, pero esa semilla simplemente no estaba allí. El trabajo de las semillas, sin embargo, es plantarlas y germinarlas, así que Curious cavó un buen hoyo y rodó la gran semilla azul en él. Luego esperó, regando de vez en cuando. Finalmente la semilla brotó. Se convirtió en una plántula, luego en una planta alta, muy alta, más alta que todas las demás: fuerte y robusta. Subió, más y más alto. Pero, ¿a dónde iba?

Curioso, decidió averiguarlo. Trepó, rama por rama. Cuando llegó arriba, miró a su alrededor: vio su pequeño jardín, vio el mundo allá abajo; vio el cielo sobre su cabeza.

-¡Buena semilla azul! -Ella dijo. - Ahora entiendo por qué estás azul: porque eres como una escalera al cielo ...

La planta de semilla azul todavía está en el jardín.

Y siempre que Curioso quiere tocar el cielo sube, sube, sube. Y allá arriba se siente feliz.

One day Curious Gnome found a seed never seen before in a corner of the garden. It was as big as a hazelnut, blue and unknown. Curious went to look at his gardening books, but that seed just wasn't there. The job of the seeds, however, is to be planted and sprouted, so Curious dug a big hole and rolled the big blue seed into it. Then he waited, watering from time to time. Finally the seed sprouted. It became a seedling, then a tall, very tall plant, taller than all the others: strong and robust. It went up, higher and higher. But where was he going?

Curious decided to find out. He climbed, branch by branch. At the top, he looked around: he saw his little little garden below, he saw the world down there; he saw the sky above his head.

-Good blue seed! -he said. - Now I understand why you are blue: because you are like a ladder to the sky!

The blue seed plant is still in the garden.

And whenever Curious wants to touch the sky he goes up, up, up. And he feels happy up there.

Curious Gnome found a seed never seen. El curioso gnomo encontró una semilla nunca antes vista.

It was as big as a hazelnut. Era tan grande como una avellana.

Curious dug a big hole. Curioso scavò un grande buco.

Finally the seed sprouted. Finalmente la semilla brotó.

It became a seedling, then a tall plant. Se convirtió en una plántula, luego en una planta alta.

He climbed branch to branch. Trepó rama por rama.

He saw his little garden below. Vio su pequeño jardín abajo.

You are like a ladder to the sky. Eres como una escalera al cielo.

The blue seed plant is still in the garden. La planta de semilla azul todavía está en el jardín.

Semilla	seed
desconocido	unknown
ángulo	corner
Escalera	ladder
avellana	hazelnut
Curioso	Curious
brotado	sprounted
agujero	hole
cielo	sky
jardín	garden
escalar	to climb
regando	watering
si sente feliz	he feels happy

14- BORRAR, BORRAR 14- DELETE, DELETE

Sofía estaba dibujando una casa en un papel. Comenzó a borrar y se formó un agujero en el papel.

Una mujercita salió del periódico y empezó a quejarse, porque por ese agujero entraba mucho aire.

- Lo siento - dijo Sofía - pero realmente no lo hice a propósito.

- Oh bueno, ahora no te lo tomes tanto, después de todo cuando vives en los dibujos te acostumbras a estas cosas. Hubiera sido más serio si hubieras diseñado un barco.

- ¿Ah, sí? - preguntó Sophie. - ¿Y por qué?

"Porque los barcos se hunden y las casas no", respondió la mujercita.

- ¿Te refieres a los barcos diseñados también?

- Por supuesto, incluso esos ... Recuerdo que una vez un niño dibujó un barco y luego, borre borre, salió un bonito agujero justo en el agua, ¡así que el barco inmediatamente comenzó a hundirse! Afortunadamente, ese niño también había dibujado una pequeña isla, por lo que los que estaban en el barco tuvieron tiempo de refugiarse en ella.

Sofia was drawing a house on a piece of paper. She began to erase and a hole formed in the paper. A little woman came out of the paper and began to complain, because a lot of air was getting in from that hole.

- I'm sorry - Sophie said - but I didn't really do it on purpose.

- Oh well, now do not take it so much, after all when you live in drawings you get used to these things. It would be worse if you had drawn a ship.

- Oh yeah? - Sophie asked. - And why?

-Because ships sink and houses don't! - the little woman replied.

- Do you also mean the drawn ships?

- Of course, even those ... I remember once a child drew a ship and then, erase erase, a nice hole came out right on the water, so the ship immediately began to sink! Luckily that child had also drawn a small island, so those who were on the ship had time to take refuge on it.

Sofía estaba dibujando una casa. Sofia was drawing a house.

Empezó a borrar y se formó un agujero en el papel. She began to erase and a hole formed in the paper.

Una mujercita salió del periódico. A little woman came out of the paper.

Hubiera sido más serio si hubieras diseñado un barco. It would be worse if you had drawn a ship.

¡Por qué los barcos se hunden y las casas no! Because ships sink and houses don't!

¡El barco inmediatamente comenzó a hundirse! The ship immediately began to sink!

Ese niño también había dibujado una pequeña isla. That child had also drawn a small island.

Nave	ships
Borrar	to erase
hundirse	to sink
quejarse	to complain
dibujo	drawings
papel	paper

15- LA HOJA DE CORINA 15- THE CORINNA LEAF

Érase una vez una hoja muy hermosa que pertenecía a un majestuoso roble. Se sentía realmente importante y hacía alarde de su belleza cada vez que soplaba el viento que la hacía bailar entre el follaje. El otoño también llegó y ya sabes, en esa temporada las hojas deben dejar su árbol, pero Corinna no quería saberlo, Corinna nunca habría dejado su roble por ningún motivo. ¿Quién lo hubiera admirado allí en el suelo junto con todas las demás hojas?

Todos los días permanecía tenazmente unida a la rama, a pesar de que las temperaturas se volvían cada vez más frías y el viento soplaba amenazador. Pasaron los días y ella todavía estaba allí, orgullosa de su coraje. Ella se quedó sola, todos sus compañeros se habían dejado desapegar por el amigo del viento. También vino una tormenta muy fuerte que puso tensión en la hoja, que, ya exhausta, cayó al suelo, cansada y desmoralizada por no haber tenido éxito en su empresa.

Pero al día siguiente, un niño que pasaba lo notó: esa hoja era realmente hermosa, nunca había visto nada tan hermoso y sobre todo todavía estaba verde. No podía dejarlo allí entre todas las otras hojas ahora aplastadas y enmohecidas por la humedad. Así que lo recogió y se lo llevó a casa. Para no estropear su belleza, lo colocó dentro de un marco de vidrio, para poder admirarlo cuando quisiera.

Once upon a time there was a very beautiful leaf that belonged to a majestic oak. She felt really important and flaunted her beauty every time the wind blew that made her dance among the foliage. Autumn also came and you know, in that season the leaves must leave their tree, but Corinna didn't want to know, Corinna would never have left her oak for any reason. Who would have admired it there on the ground, together with all the other leaves?

Every day she remained tenaciously attached to the branch, despite the temperatures becoming increasingly cold and the wind blowing threateningly. The days passed and she was still there, proud of her courage. She was left alone, all her companions had let themselves be detached by the wind friend. A very strong storm also came which put a strain on the leaf, which, by now exhausted, dropped to the ground, tired and demoralized for not having succeeded in its enterprise.

But the next day, a child passing by noticed it: that leaf was really beautiful, he had never seen anything so beautiful and above all it was still green. He could not leave it there among all the other leaves now crushed and moldy from humidity. So he picked it up and took it home. In order not to spoil its beauty, he placed it inside a glass frame, so he could admire it whenever he wanted.

En esa temporada las hojas tienen que dejar su árbol. In that Season the leaves must leave their tree.

Cada día permanecía tenazmente unida a la rama. Every day she remained tenaciously attached to the branch.

Pasaron los días y ella todavía estaba allí. The days passed and she was still there.

Todos sus amigos se habían dejado llevar por el amigo del viento. All her companions had let themselves be detached by the wind friend.

Un niño que pasaba la notó. A child passing by noticed it.

No podía dejarlo allí entre todas las demás hojas. He could not leave it there among all the other leaves.

Así que lo recogió y se lo llevó a casa. So he picked it up and took it home.

Lo colocó dentro de un marco de vidrio. He placed it inside a glass frame.

Temporada	season
roble	oak
Otoño	Autumn
soplar	to blow
con tenacidad	tenaciously

viento	wind
ramas	branches
arruinar	to spoil
admirar	to admire
coleccionar	to pick up

16- UNA NUEVA HERMANA 16- A NEW SISTER

Guido estaba cansado de su hermanita Sofía, porque se daba aires y las lagartijas y arañas la ponían repugnante. Luego decide comprar uno nuevo.

Esa tarde tomó su bicicleta y se fue al supermercado, el que vendía hermanos nuevos. Allí tenían nuevos hermanos y hermanas y había cosas baratas de calidad. En un estante vio un paquete de seis hermanas congeladas y lo puso en el carrito, porque era barato e incluso te dieron figuritas de Pokémon.

Más adelante había un banco de hermanas a la venta: a algunas les faltaban dientes o estaban demasiado gordas. Compró una hermana en polvo que tomaría forma en contacto con el agua. Se fue a casa satisfecho con su bolso y puso todo en el congelador y en el armario. Su hermana estaba allí esperándolo y mirándolo con curiosidad. Sostenía una bandeja de galletas de araña y serpiente preparadas para la fiesta de Halloween.

Guido se sintió culpable por todas esas hermanas falsas y en cuanto llegó la noche, tiró todas sus compras a la basura y decidió mantener a su hermana como estaba.

Guido was tired of his little sister Sofia, because she put on airs and was disgusted by lizards and spiders. He then decides to buy a new one.

That afternoon he took his bike and went to the supermarket, the one that sold new brothers. There they had new brothers and sisters and there was cheap quality stuff. On a shelf he saw a six-pack of frozen sisters and put it in the cart, because it was cheap and they even gave you Pokemon figurines.

Beyond was a bank of sisters on sale: some were missing teeth or were too fat. He bought a powdered sister that would take shape in contact with water. He went home satisfied with his bag and placed everything in the freezer and cupboard. His sister was right there waiting for him and watching him curiously. He was holding a tray of spider and snake cookies prepared for the Halloween party.

Guido felt guilty for all those fake sisters and as soon as night came, he threw all his purchases in the trash and decided to keep his sister as she was.

Guido estaba cansado de su hermanita Sofía. Guido was tired of his little sister Sofia.

Esa tarde tomó su bicicleta y fue al supermercado. That afternoon he took his bike and went to the supermarket.

Decidió comprar uno nuevo. He then decides to buy a new one.

Regresó a casa satisfecho con su bolso.

Compró una hermana en polvo que tomaría forma en contacto con el agua. He bought a powdered sister that would take shape in contact with water.

Guido se sintió culpable por todas esas hermanas falsas. Guido felt guilty for all those fake sisters.

Tiró todas sus compras a la basura. He threw all his purchases in the trash.

Lagartos	lizards
serpiente	serpenti
arañas	spiders
estante	shelf
congelado	frozen
diente	teeth
forma	shape
con curiosidad	curiously
fiesta de Halloween	Halloween party
falso	fake
sentirse culpable	to feel guilty
sostener	to keep

17- TIM MICKEY ENTRA AL ESPACIO 17- THE BABY MOUSE TIM GOES INTO SPACE

Tim el ratón es un tipo muy curioso, especialmente cuando se trata de astronomía: conoce todos los nombres de los planetas, los nombres de las galaxias y muchas constelaciones.

Un día tiene un deseo imparable de ir a ver de cerca todo lo que estaba estudiando. Por casualidad, encontró un volante en la calle que mostraba el lanzamiento de una nueva película, "Topostellar Adventures in Space". ¡Cuántos sueños abarrotan su mente esa noche!

El domingo siguiente decide ir a ver la película y con mucha energía comienza a organizar su expedición al espacio, al igual que el protagonista de la película.

Piensa y vuelve a pensar, lo primero que hay que hacer es hacer un cohete: conseguir unos tubos de cartón y papel de colores. En unos días, todo está listo para su exploración en el espacio. Le pide ayuda a su papá para ser empujado al espacio con un propulsor y a su mamá, que le hace un traje espacial y un casco lleno de estrellas. Todo está listo, Tim está lleno de entusiasmo y concentración. Empieza la cuenta atrás: tres, dos, uno ...

Lejos, Tim está en el espacio y lleno de asombro mira a su alrededor: ¡qué maravilla, qué inmensidad! ¡Todo le parece mágico!

Con su cohete da la vuelta a la Tierra y después de treinta minutos está de vuelta en casa, ¡lleno de cosas que contar! ¡Qué experiencia tan estimulante!

Tim the mouse is a very curious type, especially when it comes to astronomy: he knows all the names of the planets, the names of galaxies and many constellations.

One day he has an unstoppable desire to go and see everything he was studying up close. By chance he found a flyer on the street that depicted the release of a new film, "Topostellar Adventures in Space". How many dreams crowd his mind that night!

The following Sunday he decides to go to see the film and with great energy begins to organize his expedition into space, just like the protagonist of the film.

Think and rethink, the first thing to do is make a rocket: get some cardboard tubes and colored paper. Within a few days, everything is ready for its exploration in space. He asks his dad for help to get pushed into space with a thruster and his mom who makes him a spacesuit and a helmet full of stars.

Everything is ready, Tim is full of enthusiasm and concentration. The countdown starts: three, two, one ...

Away, Tim is in space and full of amazement looks around: what a wonder, what immensity! Everything seems like magic to him!

With his rocket he goes around the Earth and after thirty minutes he is back at home, full of things to tell! What an exhilarating experience !!!

Tim, el ratón, es un tipo muy curioso. Tim the mouse is a very curious type.

Conoce todos los nombres de los planetas, los nombres de las galaxias y muchas constelaciones. He knows all the names of the planets, the names of galaxies and many constellations.

Tim está lleno de entusiasmo y concentración. Tim is full of enthusiasm and concentration.

Todo está listo para su exploración en el espacio. Everything is ready for its exploration in space.

Le pide ayuda a su padre para que lo empujen al espacio con un propulsor. He asks his dad for help to get pushed into space with a thruster.

Tim se queda en el espacio y mira a su alrededor con asombro. Tim is in space and full of amazement looks around.

¡Todo le parece mágico! Everything seems like magic to him!

Después de treinta minutos estaba de vuelta en casa, ¡lleno de cosas que contar! After thirty minutes he is back at home, full of things to tell!

Astronomia	astronomy
Constelaciones	costellations
Planetas	planets
Galaxias	galaxies
Espacio	space
Cohete	rocket
Volantes	flyer
Traje espacial	spacesuit
Tierra	Earth

18- EL REGALO DEL CIERVO 18- THE GIFT OF THE DEER

Érase una vez un leñador que no sabía cómo alimentar a su familia. Era muy pobre y todas las noches, cuando volvía a casa con su esposa y sus tres hijos, lloraba.

Un día, mientras caminaba por el bosque para recuperar madera, se encontró con un ciervo que le dijo:

- Mis cuernos son de hadas y tienen poderes mágicos: si te quitas la primera pieza puedes tener toda la comida que necesitas para alimentar a tu familia, si te quitas la segunda pieza obtendrás armas y armaduras, si quitas la tercera te Obtendrá ropa y artículos preciosos. Solo puedes elegir uno, mañana volverás al bosque y vendrás a buscar el cuerno que necesitas. Tan pronto como llegó a casa, el leñador le contó a su familia lo que había sucedido.

La esposa dijo: - ¡Quiero el primero, así siempre tendremos comida para alimentarnos!

El niño varón grita: - Quiero el segundo, así que me convertiré en un guerrero fuerte.

Las dos hijas gritaron: -¡Queremos la tercera, así seremos guapas y elegantes!

Pronto, los niños y su esposa comenzaron a discutir sobre qué cuerno era el mejor y, aunque el leñador trató de juntarlos, no pudo.

A la mañana siguiente el leñador regresó al bosque y le dijo al venado que no le quitaría ningún trozo de su cuerno, porque la elección de cuál era el mejor había dado lugar a peleas, sin llegar a una solución.

El venado, admirado por tanta honestidad, decidió hacer una excepción a la regla y le dio los tres cuernos al leñador, quien, emocionado, agradeció al animal su gran generosidad.

Con los tres cuernos la familia vivió en paz en abundancia y todos quedaron satisfechos.

Once upon a time there was a lumberjack who did not know how to feed his family. He was really poor and every night, when he came home to his wife and three children, he would cry.

One day, walking through the woods to retrieve wood, he met a deer who said to him:

- My horns are fairy and have magical powers: if you take off the first piece you can have all the food you need to feed your family, if you take off the second piece you will get weapons and armor, if you take off the third you will get clothes and items precious. You can only choose one, tomorrow you will go back to the woods and you will come and get the piece of horn you need. As soon as he got home, the lumberjack told his family what had happened.

The wife said: - I want the first one, so we will always have food to feed us!

The male child shouts: - I want the second, so I will become a strong warrior.

The two daughters shouted: -We want the third, so we will be beautiful and elegant!

Soon, the children and his wife began to argue about which horn was the best and although the lumberjack tried to get them together, he could not.

The next morning the lumberjack went back into the woods and told the deer that he would not take any piece of his antlers, because the choice of which piece was the best had led to quarrels, without reaching a solution.

The deer, admired by such honesty, decided to make an exception to the rule and gave all three horns to the lumberjack, who, moved, thanked the animal for its great generosity.

With the three horns the family lived peacefully in abundance and everyone was satisfied.

Conoció a un ciervo que se lo contó. He met a deer who said to him.

El leñador le contó a su familia lo sucedido. The lumberjack told his family what had happened.

¡Así que siempre tendremos comida para alimentarnos! So we will always have food to feed us!

¡Entonces me convertiré en un guerrero fuerte! So I will become a strong warrior.

Queremos el tercero, ¡así estaremos guapas y elegantes! We want the third, so we will be beautiful and elegant!

A la mañana siguiente, el leñador regresó al bosque. The next morning the lumberjack went back into the woods.

El venado decidió hacer una excepción a la regla. The deer decided to make an exception to the rule.

Con los tres cuernos la familia vivía en paz en abundancia. With the three horns the family lived peacefully in abundance.

Leñador	lumberjack
pobre	poor
recuperar	to retrieve
llorar	to cry
ciervo	deer
cuerno	horns
guerrero	warrior
discutir	to argue
hada	fairy
regla	rule

19- EL GUARDIÁN DEL FARO 19- THE LIGHTHOUSE GUARDIAN

Peter, el farero, vivía en una isla remota. Pasaba sus días mirando al cielo y al mar. Rara vez se encontró con barcos que pasaran y aún más raramente los barcos se detuvieron en la isla. La única tarea de Pietro era encender el faro al anochecer para los barcos que pasaban y luego se fue a la cama.

Pero una noche, vencido por una fatiga inexplicable, se olvidó de encender la luz del faro y se acostó. Cayó en un sueño profundo, pero durante la noche se despertó abruptamente: un barco había chocado contra el arrecife de la isla provocando un fuerte ruido de chatarra. Pietro pensó que estaba soñando, pero los gritos de los pasajeros del barco lo despertaron para siempre. Inmediatamente se apresuró a desembarcar y actuó de inmediato. Gracias a los botes salvavidas, todos los pasajeros estaban a salvo y Pietro se ocupó de todos con extrema generosidad durante unos días, hasta que el barco fue reparado. Al momento de despedirse, Pietro estaba triste, pero muy feliz por la aventura que había vivido y los pasajeros le agradecieron calurosamente.

Incluso hoy, de vez en cuando, algunos pasajeros del barco visitan a Pietro en el faro.

Peter, the lighthouse keeper, lived on a remote island. He spent his days looking at the sky and the sea. He rarely encountered any ships passing by and even more rarely did the ships stop on the island. Pietro's only task was to turn on the lighthouse at dusk for the passing ships and then he went to bed.

But one evening, seized by inexplicable fatigue, he forgot to turn on the lighthouse and went to bed. He fell into a deep sleep, but during the night he was abruptly awakened: a ship had crashed on the island's reef causing a loud noise of scrap metal. Pietro thought he was dreaming, but the screams of the ship's passengers woke him up for good. He immediately rushed ashore and immediately took action. Thanks to the lifeboats all passengers were safe and Pietro took care of everyone with extreme generosity for a few days, until the ship was repaired. At the time of saying goodbye, Peter was sad, but so happy for the adventure he had experienced and the passengers thanked him warmly.

Even today, from time to time, some passengers on the ship visit Pietro at the lighthouse.

Peter vivía en una isla remota. Peter lived on a remote island.

La única tarea de Pietro era encender el faro al anochecer para los barcos que pasaban. Pietro's only task was to turn on the lighthouse at dusk for the passing ships.

Aún más raramente, los barcos se detenían en la isla. Even more rarely did the ships stop on the island.

Un barco había chocado contra el arrecife de la isla causando un fuerte ruido. A ship had crashed on the island's reef causing a loud noise.

Todos los pasajeros estaban a salvo. All passengers were safe.

Pietro se ocupó de todos con extrema generosidad durante unos días. Pietro took care of everyone with extreme generosity for a few days.

Algunos pasajeros del barco van a ver a Pietro en el faro. Some passengers of the ship visit Pietro at the lighthouse.

Faro	lighthouse
ir a chocar	to crash
acantilado	reef/ cliff
pasajero	passenger
Sueño profundo	deep sleep
gritar	screams
barcos que pasan	passing ships
encender	to turn on
cielo	sky
mar	sea
perdió	remote

20- UN LÁPIZ TODO LOCO 20- A ALL CRAZY PENCIL

Mina era un lápiz loco porque no actuaba como un lápiz en absoluto. Desde el primer día que se hizo y se llevó a una papelería del centro para su venta, había dado señales de locura. El Sr. Sergio, un papelero con mucha experiencia, siempre encontraba a Mina fuera del frasco de lápices. Un día incluso los encontró a todos en el suelo. De hecho, Mina había intentado escapar y quería recorrer la ciudad.

Un día Marco vino a la tienda y lo compró junto con el material para el inicio de la escuela. Eligió a Mina porque le pareció que estaba más lúcida que las demás,

¡parecía casi viva! El lápiz especial no desaprovechó la oportunidad de mostrar su peculiaridad: se deslizó entre libros y cuadernos, pinchó el sobre que lo contenía y acabó entre los juguetes de Marco. La búsqueda del lápiz fue inútil, porque Mina se divirtió mucho entre Lego, carros de juguete y animales de plástico. Marco se resignó a pedirle a su madre un lápiz nuevo, mientras Mina se escondía todo el día entre juegos.

Pero un día, mi madre empezó a limpiar la habitación de Marco: ¡aquí es donde se había ido el lápiz que habían comprado! Entonces lo puso sobre el escritorio para mostrárselo a su hijo, pero cuando Marco regresó de la escuela, el lápiz había desaparecido nuevamente. Esta vez Mina, por miedo a ser descubierta y enjaulada en un estuche de lápices, había tomado la dirección de la ventana y se había lanzado al jardín en busca de otras aventuras. ¡Nadie sabe dónde está Mina ahora!

Mina was a crazy pencil because it didn't act like a pencil at all. From the very first day it was made and taken to a downtown stationery to be sold, it had shown signs of madness. Mr. Sergio, a highly experienced stationer, always found Mina out of the jar of pencils. One day he even found all the pencils on the ground. In fact, Mina had tried to escape and wanted to go around the city.

One day Marco came to the shop and bought it with the material for the start of school. He chose Mina because it seemed to him that it was more lucid than the others, it seemed almost alive! The special pencil did not miss the opportunity to show its uniqueness: it slipped between books and notebooks, punctured the envelope that contained it and ended up among Marco's toys. The research of the pencil was useless, because Mina was having so much fun among Lego, toy cars and plastic animals. Marco resigned himself to asking his mother for a new pencil, while Mina was hiding all day between toys.

But one day, the mother started cleaning Marco's room: that's where the pencil they bought had gone! So she put it on the desk for her son to see, but when Marco came back from school, the pencil had disappeared again. This time Mina, for fear of being discovered and caged in a pencil case, had taken the direction of the window and had launched into the garden in search of other adventures. Nobody knows where Mina is now!

Mina era un lápiz loco. Mina was a crazy pencil.

El Sr. Sergio siempre encontraba a Mina fuera del frasco de lápices. Mr. Sergio always found Mina out of the jar of pencils.

Un día Marco vino a la tienda y lo compró junto con el material para el inicio de la escuela. One day Marco came to the shop and bought it with the material for the start of school.

Mina se divirtió mucho entre Legos, carros de juguete y animales de plástico. Mina was having so much fun among Lego, toy cars and plastic animals.

Marco se resignó a pedirle a su madre un lápiz nuevo. Marco resigned himself to asking his mother for a new pencil.

Mamá comenzó a limpiar la habitación de Marco. The mother started cleaning Marco's room.

Esta vez Mina había tomado la dirección de la ventana. This time Mina had taken the direction of the window.

lapiz	Pencil
papeleria	stationery
Locura	madness
frasco	jar
escapar	to escape
vivo	alive
quaderno	notebooks
Diviértete	to have fun
esconder	to hide
desaparecer	to disappeared
estuche	pencil case

21- LA LUZ DE TRÁFICO QUE DA LOS COLORES 21- THE TRAFFIC LIGHT THAT GIVES THE COLORS

Una vez hubo un semáforo en el que estaba cansado de hacer lo mismo todos los días.

Estaba cansado de seguir siempre la regla: primero rojo, luego verde, finalmente naranja. Todos los días los mismos colores, los mismos carros y las mismas escenas:

el minibús cargado de niños gritando yendo a la escuela a las 7:45 am, el anciano que fue a comprarse al periódico en su bicicleta silbando, la mamá de Rosina poniéndose lápiz labial cuando el semáforo estaba en rojo, el padre de Paolo pasaba zumbando en su reluciente auto nuevo para llegar a la oficina a tiempo. De vez en cuando sucedía algo nuevo que animaba su rutina: la vez que la abuela Ada no se daba cuenta de que el semáforo estaba en rojo tenía que frenar de repente para evitar un accidente con Tobia, la panadera del pueblo, dejando dos bonitas marcas negras de frenado. el asfalto. O aquella vez que Tino el agricultor llevaba un carro lleno de uvas para ir a la bodega: de repente se abrió la caja y todas las uvas terminaron en la carretera bloqueando el tráfico.

El semáforo lo había disfrutado, sí, pero él buscaba la emoción.

¡Entonces, un día se rebeló! ¡Decidió regalar los colores! Sí, sí, lo has acertado, ¡los colores!

Comenzó con el verde: pasaron automovilistas silenciosos, pero de repente, justo antes de la franja blanca, la roja hizo clic y los automovilistas confundidos se vieron obligados a frenar bruscamente. O, inmediatamente después, el rojo encendió el naranja y los conductores no sabían si podían irse lentamente o quedarse quietos.

Un día incluso después el naranja se puso verde y los automovilistas se pusieron en marcha nuevamente, pero de repente llegó el rojo y se crearon varios choques por detrás en la vía que hicieron intervenir a la policía y los bomberos. Y el semáforo se reía en voz baja mientras disfrutaba de los espectáculos.

Por su parte, los automovilistas ya no sabían qué esperar de los semáforos, siempre existía el temor de que de repente despegara un nuevo color. Muchos, para evitar accidentes, tomaron otros caminos, alargando su camino.

Finalmente, el semáforo se envió al taller de reparación y se reemplazó por uno más confiable.

Once there was a traffic light that he was tired of doing the same thing every day.

He was tired of always following the rule: first red, then green, finally orange. Every day the same colors, the same cars and the same scenes: the minibus loaded with screaming children went to school at 7:45 am, the old man who went to buy the newspaper on a bicycle whistling, Rosina's mother put on lipstick when the traffic light was red, Paolo's father whizzing by in his shiny new car to get to the office on time. Every now and then something new happened to enliven her routine: one time the grandma Ada hadn't noticed that the traffic light was red she had to brake suddenly to avoid an accident with Tobia, the town baker, leaving two black braking marks on the asphalt. Or that time when Tino the farmer was carrying a wagon full of grapes to go to the social cellar: suddenly the box was opened and all the grapes ended up on the road blocking traffic.

The traffic light had enjoyed it, yes, but he was looking for the thrill.

So, one day he rebelled! He decided to give the colors! Yes, yes, you got it right, the colors!

It began with the green: quiet motorists passed by, but suddenly, just before the pedestrian crossing, the red one clicked and confused who were forced to brake sharply. Or, immediately after the red triggered the orange and the drivers did not know if they could start slowly or stay still.

One day even later the orange turned green and the motorists set off again, but then suddenly the red one arrived and various rear-end collisions were created on the road which caused the police and firefighters to intervene. And the traffic light was laughing under his breath while enjoying the shows.

For their part, motorists no longer knew what to expect from the traffic lights. There was always the fear that a new color would suddenly take off. Many, to avoid accidents, took other roads, lengthening their path.

Eventually the traffic light was sent to the repair shop and replaced with a more reliable one.

Una vez hubo un semáforo en el que estaba cansado de hacer lo mismo todos los días. Once there was a traffic light that he was tired of doing the same thing every day.

El minibús cargado con niños gritando se dirigió a la escuela a las 7:45 am. The minibus loaded with screaming children went to school at 7:45 am.

Esa vez, la abuela Ada no se había dado cuenta de que el semáforo estaba en rojo. One time the grandma Ada hadn't noticed that the traffic light was red.

De repente, la caja se abrió y todas las uvas terminaron en la carretera bloqueando el tráfico. Suddenly the box was opened and all the grapes ended up on the road blocking traffic.

Así que un día se rebeló. So, one day he rebelled.

Estaba cansado de seguir siempre las reglas. He was tired of always following the rule.

El semáforo lo había disfrutado, sí, pero él buscaba la emoción. The traffic light had enjoyed it, yes, but he was looking for the thrill.

Siempre existía el temor de que un nuevo color despegara repentinamente. There was always the fear that a new color would suddenly take off.

El semáforo se envió al taller de reparación y se reemplazó por uno más confiable. The traffic light was sent to the repair shop and replaced with a more reliable one.

Semaforo	traffic light
rebelde	to rebel
accidente	accident
cruce peatonal	pedestrian crossing
automovilistas	motorists
periódico	newspaper
bloquear el tráfico	to block traffica
colores	colors
emoción	thrill
bomberos	firefighters
policia	police

22- LA BRUJA DISPETTINA 22- THE WITCH DISPETTINA

Entre las muchas brujas que existen en el mundo, hay una a la que le encanta hacer travesuras y perder el tiempo. Esta pequeña bruja se llama Spittina y nadie sabe por qué, pero centra sus travesuras en los niños. Especialmente en los que van a la escuela.

Se hace pequeña y se esconde en las aulas: desde esa posición puede ver todo sin que nadie la note. Saca su varita y zac, con un pequeño hechizo hace que aparezcan pequeños errores en los cuadernos de los niños.

Un día Martina, una niña diligente y siempre preparada, estaba realizando una operación en el cuaderno, cuidando mucho de calcular correctamente los números. Escribe el resultado y zac, Dispettina le pone una mano y cambia el número 9 por el número 7. Cuando la maestra corrigió los cuadernos, se sorprendió al encontrar un error en el cuaderno de Martina.

Otro día, le sucedió a Tommaso que, mientras escribía un dictado, se perdió algunas letras, porque Spettina tenía algo que ver y se encontró con un buen voto negativo de parte de la maestra. De hecho, en el cuaderno estaba escrito: "El perrito Billy corría tras una araña que tenía tres patas. No se dio cuenta de que había un hombre rico y se picó con sus púas ". ¡Cuántos errores!

Y Rencor se ríe cada vez que hace uno de sus chistes. Cuando descubre que hemos hecho suficiente daño en esa clase, pasa a otra clase y pone sus hechizos en acción. Entonces, si estos inexplicables errores te han sucedido a ti también, debes saber que todo es culpa de Travesura que ha puesto un pie en tu clase.

Among the many witches that exist in the world, there is one who loves to mischief and mess around. This little witch is called Dispettina and no one knows why, but she focuses her mischief on children. Particularly on those who go to school.

She makes herself small and hides in the classrooms: from that position she can see everything without being noticed. She takes out his wand and "zac", with a little spell she makes small mistakes appear in the children's notebooks.

One day Martina, a diligent and always prepared child, was carrying out an operation on the notebook, taking great care to calculate the numbers correctly. She writes the result and "zac", Dispettina puts a hand in it and changes the number 9 to the number 7. When the teacher corrected the notebooks, she was surprised to find a mistake in Martina's notebook.

Another day, it happened to Tommaso that, while he was writing a dictation, he missed a few letters, because Dispettina had a hand in it, and he found a bad vote from the teacher. In fact, in the notebook it was written: "The little dog Billy was running after a spider that had tree legs. He did not notice that there was a hedgehog and he stung himself with his quilt ". How many mistakes!

And Dispettina laughs every time she does one of her jokes. When she finds out that we have done enough damage in that class, she goes to another class and performs his spells. So if these inexplicable mistakes have happened to you too, know that it is all the fault of Dispettina who has set foot in your class.

Ella se hace pequeña y se esconde en las aulas. She makes herself small and hides in the classrooms.

Desde esa posición puede ver todo sin que nadie se dé cuenta. From that position she can see everything without being noticed.

Hace que aparezcan pequeños errores en los cuadernos de los niños. She makes small mistakes appear in the children's notebooks.

Rencoroso si se ríe cada vez que hace uno de sus trucos. Dispettina laughs every time she does one of her jokes.

Mientras escribía un dictado, se perdió algunas letras. While he was writing a dictation, he missed a few letters.

Va a otra clase y pone en práctica sus hechizos. She goes to another class and performs his spells.

Sepa que todo es culpa de Rencor que ha puesto un pie en su clase. Know that it is all the fault of Dispettina who has set foot in your class.

Error	mistake
clase	classroom
dictado	dictation
chistes	jokes
voto	vote
varita mágica	wand
despecho	mischief

23- EL RATÓN DEL DIENTE 23- THE MOUSE OF THE TEETH

En cada familia sabemos que hay un ratoncito de los dientes, es decir, ese ratoncito que cuando algún niño pierde los dientes alrededor de los 5 años, se lo quita y lo agrega a su colección y a cambio deja un centavo. al niño para agradecerle.

Ettore tenía cinco años y medio y su primer diente estaba a punto de salirse por completo. No tenía mucha fe en estas extrañas historias sobre los ratones con dientes y no le gustaba andar sin dientes, por lo que mantuvo el diente colgando celosamente guardado en su boca.

Evitaba jugar con los otros niños, correr y tirar la pelota por miedo a que unos tiros le hicieran salir los dientes. ¡Simplemente no entendía por qué era necesario cambiar estos dientes!

Una noche, sin embargo, el ratón, cansado de esperar el diente de Ettore, dado que tenía otros niños en la lista que estaban a punto de perder un diente, decidió intervenir directamente: mientras el niño dormía, se acercó lentamente a la cama, lentamente. Abrió la puerta de la boca y tomó ese diente sin siquiera hacer demasiado esfuerzo, ya que estaba casi completamente desprendido. Se fue apresuradamente después de dejar un centavo debajo de la almohada de Ettore.

Por la mañana, Ettore se levantó para ir a la escuela, fue al baño y mientras se lavaba la cara notó que algo andaba mal. ¡El diente se había ido! ¿Y si se lo hubiera tragado? Dios mío, su primer diente había desaparecido sin que él se diera cuenta, ¡qué fastidio!

Mientras estaba en la cama desesperado porque había perdido el diente, vio un pequeño resplandor que salía de debajo de la almohada. ¡Fue el centavo que dejó el ratón! ¡En aquel entonces era cierto que existía el ratón de dientes! Nunca había visto una moneda tan brillante, ¡realmente especial!

Con ese centavo se consoló e inmediatamente comenzó a sentir el estado de sus dientes, porque no podía esperar a que el ratón le trajera el siguiente centavo.

In every family we know there is a little mouse of the teeth, that is, that little mouse that when some child loses his teeth around the age of 5, he takes it away and adds it to his collection and in exchange leaves a penny to the child to thank him.

Ettore was five and a half years old and his first tooth was about to come off completely. He did not have much faith in these strange stories about tooth mice and did not like to go around toothless, so, he kept the dangling tooth jealously guarded in his mouth.

He avoided playing with other children, running and throwing the ball for fear that a few shots would make him leave his teeth. He just didn't understand why it was necessary to change these teeth!

One night, however, the little mouse, tired of waiting for Ettore's tooth, since he had other children on the list who were about to lose a tooth, decided to intervene directly: while the child was sleeping, he slowly approached the bed, slowly opened the mouth and took that tooth without even making too much effort, since it was almost completely detached. He left in a hurry, leaving a penny under Ettore's pillow.

In the morning, Ettore got up to go to school, went to the bathroom and while he was washing his face he noticed that something was wrong. The tooth was gone !!! What if he had swallowed it? God, his first tooth had disappeared without his noticing, what a bummer!

While he was on the bed desperate because he had lost his tooth, he saw a small glow coming from under the pillow. It was the penny left by the mouse! Then it was true that there was a tooth mouse! He had never seen such a shiny coin, really special!

With that penny he consoled himself and immediately began to feel the state of his teeth, because he couldn't wait for the mouse to bring him the next penny.

Ese ratoncito que se lo quita y lo agrega a su colección y a cambio le deja al niño un centavo para agradecerle. That little mouse that takes it away and adds it to his collection and in exchange leaves a penny to the child to thank him.

Ettore tenía cinco años y medio y su primer diente estaba a punto de salirse por completo. Ettore was five and a half years old and his first tooth was about to come off completely.

Evitaba jugar con otros niños, correr y lanzar la pelota. He avoided playing with other children, running and throwing the ball

Mientras el bebé dormía, abrió lentamente la boca y tomó ese diente. While the child was sleeping, he slowly opened the mouth and took that tooth.

Rápidamente se fue, dejando un centavo debajo de la almohada de Ettore. He left in a hurry, leaving a penny under Ettore's pillow.

Su primer diente había desaparecido sin que él se diera cuenta, ¡qué vergüenza! His first tooth had disappeared without his noticing, what a bummer!

Porque no podía esperar a que el ratón le trajera el próximo centavo. Because he couldn't wait for the mouse to bring him the next penny.

Ratón	mouse
diente	teeth
dormir	to sleep
boca	mouth
cansado	tired
Acercarse	to approach
almohada	pillow
tragar	to swallow

24- EL SOMBRERO MÁGICO 24- THE MAGIC HAT

Merlín tiene un sombrero nuevo: es puntiagudo y tiene estrellas doradas sobre terciopelo rojo.

El pequeño mago camina feliz por la calle cuando es golpeado por una violenta ráfaga de viento. El viento le quita el sombrero de la cabeza y lo empuja hacia la valla.

- ¡Detener! - Llora Merlín.

¡Qué desgracia! El sombrero terminó en el jardín de la bruja Diente de Hierro, que todos llaman así por su canino de hierro. Todo el mundo la evita porque siempre está de mal humor.

- ¿Qué hago ahora? - se queja Merlín. ¿Debería dejar su sombrero en manos de la bruja?

Ahora él también está de mal humor. A regañadientes trepa la valla.

Su vestido, sin embargo, permanece enredado. El pequeño mago se retuerce y trata de liberarse.

- ¡Estúpida valla! - grita furioso.

De repente oye una carcajada: ¡Iron Tooth está frente a él!

- ¿Qué haces aquí? - ríe la bruja.

- Tengo que recuperar mi sombrero.- murmura Merlín.

- ¡Estás todo despeinado! - ríe la bruja, -¡Eres gracioso! ¡Era una vida en la que no me reía tanto!

- ¿Y es algo bueno? - pregunta Merlín.

- ¡Por supuesto que lo es! - responde Iron Tooth.

La bruja ayuda a Merlín a liberarse y le devuelve el sombrero.

- ¿Quieres chocolate con crema? - pregunta Iron Tooth,

- Es la recompensa por hacerme reír.

- ¡Claro, gracias! - responde el pequeño mago. Qué suerte, no solo Merlín recuperó su sombrero, sino que también encontró un nuevo amigo.

Merlin has a new hat: it is pointed and has gold stars on red velvet.

The little wizard walks happily down the street when he is hit by a violent gust of wind. The wind blows the hat off his head and pulls him over the fence.

- Stop! -cries Merlin.

What a misfortune! The hat ended up in the garden of the Iron Tooth witch, which everyone calls in that way because of her iron canine. Everyone avoids her because she is always in a bad mood.

- What do I do now? - Merlin complains. Should he leave his hat in the witch's hands?

Now he's in a bad mood too. She reluctantly climbs the fence.

His dress, however, remains entangled. The little wizard squirms and tries to break free.

- Stupid fence! - he shouts furiously.

Suddenly he hears a loud laugh: Iron Tooth is standing in front of him!

- What are you doing here? - the witch chuckles.

- I have to get my hat back. - Merlin mumbles.

- You're all disheveled! - laughs the witch, -You're funny! It was a life that I didn't laugh so much!

- And is it a good thing? - asks Merlin.

- Of course it is! - answers Iron Tooth.

The witch helps Merlin free himself and returns his hat.

- Would you like some chocolate with cream? - asks Iron Tooth, - It's the reward for making me laugh.

- Sure, thanks! - replies the little wizard. How lucky, not only did Merlin get his hat back, but he also found a new friend.

Es puntiaguda y tiene estrellas doradas sobre terciopelo rojo. It is pointed and has gold stars on red velvet.

El pequeño mago camina feliz por la calle. The little wizard walks happily down the street.

El sombrero terminó justo en el Jardín de la Bruja del Diente de Hierro. The hat ended up in the garden of the Iron Tooth witch.

Todo el mundo la evita porque siempre está de mal humor. Everyone avoids her because she is always in a bad mood.

El pequeño mago se retuerce y trata de liberarse.
The little wizard squirms and tries to break free.

La bruja ayuda a Merlín a liberarse y le devuelve el sombrero. The witch helps Merlin free himself and returns his hat.

Merlín no solo recuperó su sombrero, sino que también encontró un nuevo amigo. Not only did Merlin get his hat back, but he also found a new friend.

estrellas	stars
terciopelo	velvet
ráfaga de viento	gust of wind
recinto	fence
mala suerte	misfortune
Mal humor	bad mood
loud	fuerte
quejarse	to complain
recompensa	reward
despeinado	disheveled

25- LA BOCA ESCONDIDA 25- THE HIDDEN HATCH

En una noche oscura y silenciosa Nico y Max, sin hacer el menor ruido, se levantaron de la cama y se dirigieron al salón. Levantaron la alfombra y encontraron la misteriosa trampilla de la que papá siempre hablaba. No se les permitió abrirlo y esto despertó la curiosidad en ellos.

Los dos hermanos encendieron la linterna y bajaron lentamente las escaleras sin ser escuchados por sus padres dormidos. Apuntando la luz, encontraron un gran garaje frente a ellos donde había maquinaria de todo tipo con tuberías, bombas, tanques pequeños. Los miraron atentamente, uno por uno, sin entender qué tipo de maquinaria eran. Continuando buscando por toda la habitación, encontraron una extraña foto colgada en la pared con unos caballeros con sombreros de copa sosteniendo orgullosamente algún tipo de documento en sus manos. ¿Quiénes eran esos caballeros? ¿Qué estaba escrito en ese documento?

Salieron de allí sin respuesta y decidieron seguir investigando al día siguiente.

Descansaron todo en perfecto orden y volvieron a la cama, pero sin poder dormir: tenían demasiadas preguntas sin respuesta para poder dormir, demasiadas suposiciones abarrotaban sus mentes.

Al día siguiente, como si nada hubiera pasado la noche anterior, desayunaron, fueron a la escuela y mientras tanto seguían pensando en el misterioso hallazgo en su casa. En ese momento, lo único que quedaba por hacer era mirar directamente a los padres y pedirles todas las explicaciones de lo que habían visto. En la cena abordaron el tema. El padre sabía que tarde o temprano tendría que afrontar el tema, así que empezó a contar:

- ¡Queridos muchachos, debéis saber que vuestro abuelo era un científico muy curioso y rebelde! Todas esas máquinas eran suyas y tenemos que mantenerlas ocultas porque había descubierto algo muy importante que no pudo completar porque nos dejó antes.

El abuelo había descubierto cómo duplicar y triplicar la comida, sí, ¡lo hiciste bien! Poniendo, por ejemplo, una manzana en una de las máquinas, podemos sacar dos y hasta tres.

¡Los dos hermanos estaban atónitos y no podían creer lo que oían! ¡Qué abuelo tan especial tenían! ¡Qué maravilloso descubrimiento!

Mantuvieron el secreto durante mucho tiempo, hasta que dieron a conocer a todos el descubrimiento de su abuelo, después de haber trabajado mucho en él en los siguientes meses anteriores.

On a dark and silent night Nico and Max, without making the slightest noise, got out of bed and went into the living room. They lifted the carpet and found the mysterious trap door Dad always talked about. They were not allowed to open it and this sparked their curiosity.

The two brothers turned on the flashlight and walked slowly down the stairs without being heard by their sleeping parents. Pointing the light, they found a large garage in front of them where there were all kinds of machinery with pipes, pumps, small tanks. They looked at them carefully, one by one, without understanding what kind of machinery they were. Continuing to search the whole room, they found a strange photo hanging on the wall with some gentlemen with top hats proudly holding some sort of document in their hands. Who were those gentlemen? What was written in that document?

They left there with no answer and decided to continue investigating the next day.

They rested everything in perfect order and went back to bed, but without being able to sleep: they had too many unanswered questions to be able to sleep, too many suppositions crowded their minds.

The next day, as if nothing had happened the previous night, they had breakfast, went to school and meanwhile continued to think about the mysterious discovery in their home. At that point, the only thing to do was to face the parents directly and ask them for all the explanations of what they had seen. At dinner they broached the subject. The father knew that sooner or later he would have to deal with the subject, so he began to tell:

- Dear guys, you must know that your grandfather was a very curious and rebellious scientist! All those machines were at him and we have to keep them hidden because he had discovered something very important that he couldn't complete because he left us earlier.

Grandpa had discovered how to double and triple the food, yes, you got it right! Putting, for example, an apple in one of the machines, we can get two and even three.

The two brothers were stunned and couldn't believe their ears! What a special grandfather they had! What a wonderful find!

They kept the secret for a long time, until they made known to everyone the discovery of their grandfather, after having worked extensively on it in the following previous months.

No se les permitió abrirlo. They were not allowed to open it

Había todo tipo de maquinaria con tuberías, bombas, tanques pequeños. There were all kinds of machinery with pipes, pumps, small tanks.

Guardan todo en perfecto orden. They rested everything in perfect order.

Lo único que podía hacer era mirar directamente a los padres. The only thing to do was to face the parents directly.

Papá sabía que tarde o temprano tendría que enfrentarse al tema. The father knew that sooner or later he would have to deal with the subject.

El abuelo había descubierto cómo duplicar y triplicar la comida. Grandpa had discovered how to double and triple the food.

Los dos hermanos se quedaron atónitos. The two brothers were stunned.

Científico	scientist
esconder	to hidden
descubrimiento	find
extraño	strange
hacer frente a	to face
tema	subject
tarde o temprano	sooner or later
investigar	to investigate
maquinaria	machinery
dinner	cena

26- LAS PEGATINAS COBRAN VIDA 26-
STICKERS COME TO LIFE

En el dormitorio de Martin, hay toneladas de pegatinas que ha pegado por todas partes: en los armarios, en la puerta, en el escritorio e incluso en el cristal. A Martin le encantan las pegatinas, le gusta pegarlas incluso en cuadernos y su madre le da algunas en cada oportunidad. Le gusta tener una habitación llena de colores y personajes, se siente menos solo, ya que es hijo único y siempre tiene alguien que le haga compañía, tanto de día como de noche. A veces incluso nos habla con esos Superman, Batman y las Tortugas Ninja.

Hay una cosa que tú no sabes y Martin tampoco: todas las mañanas, cuando el niño va a la escuela en su habitación, suceden cosas mágicas. Las pegatinas cobran vida, se desprenden de las paredes y de los muebles y juegan, hablan, saltan, en fin, ocurre una auténtica revolución en esa habitación. El jefe Hulk, tan pronto como oye cerrarse la puerta, les dice a todos que pueden animar. Minnie y Mickey Mouse tienen la oportunidad de pasar un rato, las Tortugas Ninja entrenan saltando de la cama a la mesita de noche y, a veces, permanecen pegadas al cristal de la ventana y depende de Hulk ir y separarlas. Superman hace pruebas de vuelo y ocasionalmente salva a algunas chicas en peligro, mientras que Spiderman desciende lentamente del techo para comprobar la tensión de su telaraña.

Debes saber que Martin sabe exactamente dónde ha pegado cada uno de sus stikers y por esta razón, un buen día a su regreso de la escuela, ¡le resultó muy extraño que el Capitán América hubiera terminado justo en la cabecera! Lo pensó y se convenció de que su madre, limpiando la habitación, había dejado caer al superhéroe y lo había colgado donde había encontrado un lugar. ¡Pero unos días después, incluso Harry Potter había terminado en otro lugar! Decide preguntarle a su mamá, pero ella niega haber colgado sus pegatinas. Entonces Martin comenzó a investigar a fondo: ¿qué estaba pasando en esa habitación?

Un día tomó la cámara interna que su padre colocó cerca de la puerta de entrada para ver si entraban ladrones durante su ausencia. Fue al colegio y a su regreso, ansioso por comprobar lo que había grabado la cámara, se encerró en el estudio con la excusa de tener que hacer una investigación para el colegio y ... ¡sorpresa! ¡La grabación mostró todas sus pegatinas despegándose de las paredes y cobrando vida! ¡Qué maravilloso descubrimiento para Martin! ¡Sabía que sus pegatinas eran especiales!

En ese momento decidió hablar con todas sus pegatinas:

- Queridos personajes, sé que cuando voy a la escuela ¡te despiertas y empiezas a separarte! Te pido una cortesía: a estas alturas he descubierto tu secreto, por lo tanto, despréndete libremente cuando quieras, incluso cuando yo esté aquí contigo, para que podamos jugar juntos y conocernos mejor.

Encogidamente. El poderoso Hulk levantó el pulgar en señal de aprobación y dio la señal para que se despegaran todas las pegatinas. Martin estaba tan feliz con la compañía de sus pegatinas que ya no se sentía solo.

In Martin's bedroom, there are tons of stickers that he has stuck everywhere: on the wardrobe, on the door, on the desk and even on the glass. Martin loves stickers, he likes to stick them even on notebooks and his mother gives him some at every good occasion. He likes having a room full of colors and characters, he feels less alone, since he is an only child and always has someone to keep him company, both day and night. Sometimes he also talks to them, with Superman, Batman and Ninja Turtles.

There is one thing you don't know and neither does Martin know: every morning, when the child goes to school in his room, magical things happen. The stickers come to life, they detach from the walls and furniture and play, talk, jump, in short, a real revolution happens in that room. The Hulk boss as soon as he hears the door close say to everyone gets animated. Minnie and Mickey Mouse have the opportunity to hang out for a while, the Ninja Turtles train by jumping from the bed to the nightstand and sometimes they remain attached to the window pane and it's up to Hulk to go and detach them. Superman does flight tests and occasionally saves some girls in danger, while Spiderman slowly descends from the ceiling to check the tightness of his web.

You must know that Martin knows exactly where he has attached each of his stikers and for this reason, one fine day on his return from school, he found it very strange that Captain America had ended up right on the head of his bed! He thought about it and was convinced that his mother, by cleaning up the room, had dropped the super hero and hung him up where she had found a place. But a few days later even Harry Potter had ended up somewhere else! He decides to ask his mother, but she denied having hung up his stickers. So Martin began to investigate thoroughly: what was going on in that room?

One day he took the internal camera that his father placed near the entrance door to see if thieves entered during their absence. He went to school and on his way back, eager to check what the camera had recorded, he locked himself in the studio with the excuse of having to do a research for the school and ... surprise! The recording showed all of his stickers peeling off the walls and coming to life! What a wonderful find for Martin! He knew his stickers were special!

At that point he decided to talk to all his stickers:

- Dear characters, I know that when I go to school you wake up and start to break away! I ask you a courtesy: by now I have discovered your secret, therefore, detach yourself freely whenever you want, even when I am here with you, so we can play together and get to know each other better.

Timidly. The mighty Hulk raised his thumb in approval and gave the signal for all stickers to peel off. Martin was so happy with the company of his stickers that he no longer felt alone.

Hay toneladas de pegatinas en la habitación de Martin. In Martin's bedroom, there are tons of stickers.

Le gusta tener una habitación llena de colores y personajes, se siente menos solo. He likes having a room full of colors and characters, he feels less alone.

Las pegatinas cobran vida, se despegan de las paredes. The stickers come to life, they detach from the walls.

Cada mañana cuando el niño va al colegio en su habitación suceden cosas mágicas. Every morning, when the child goes to school in his room, magical things happen.

Debes saber que Martin sabe exactamente dónde atacó a cada uno de sus stikers. You must know that Martin knows exactly where he has attached each of his stikers

El poderoso Hulk levantó el pulgar en señal de aprobación. The mighty Hulk raised his thumb in approval

pegatinas	stickers
pegar	to stick
remover	to detach
entusiasta	eager
caracteres	characters
pulgar	thumb
sentirse solo	to feel alone
techo	ceiling
ladron	thieves
muro	wall

CPSIA information can be obtained
at www.ICGtesting.com
Printed in the USA
LVHW052340150621
690353LV00004B/340